JAMES
ROBERTSON

THE
BUKE
OF THE
HOWLAT

Illustrated by
KATE LEIPER

It wis a bonnie May mornin, and Nature wis smilin on awthin, the warld ower. Caller wis the air and green the parks; flouers were bloomin, deer grazin. A braw, braid river ran through a forest o fine trees, and the trees boued their branches tae the watter as it gaed by them. Burds flittit frae branch tae branch, aw chantin merrily. Aw — forbye the ane.

Unner the shade o a holly tree, ae doon-hertit and dowie burd wis cooryin: a wee owl, kent by awbody as the Howlat. He wis goavin doun intae the watter and gruein at his ain reflection.

'Oh, how is it that I'm sae ill-faured and ugsome?' the Howlat grat. 'Whit wey are ma feathers sae oosie and pookit, and ma neb bent like an auld heuk? I doot it's because I'm a howlat. It's no fair. I dinna like the sunlicht - it hurts ma stupit muckle een, sae I hide awa aw day and hope naebody sees me. The ither burds canna bide me, I'm shair o that. Gin they get a sicht o me, they skirl at me and some even try tae peck me. And I dinna blame them! It's no their faut I'm sic a scunner! It's Nature's faut for makkin me a howlat.'

How the Howlat yowlit! But syne he wis taen wi a
braw notion. 'I ken whit I'll dae! The bonniest,
maist fantoosh burd I hae ever clapped een on is the
Paycock, that steys in the policies o thon castle. He maun be
awfie chief wi Nature. I'll awa and spier at him tae pit in a wurd
for me, and see if Nature'll no chynge me. I dinna want tae be
a howlat.'

Sae the Howlat set aff, scuggin alang in the shaddas as weel's he could, till he cam tae the Paycock, wha wis prinkin up and doun in the castle gairden.

'I'm sorry tae breenge in on ye like this,' the Howlat said, 'but I need yer help.'

The Paycock spreid oot his tail feathers and scansed the Howlat wi whit seemed like a hunner een. 'Whit help can *I* gie *you?*' he said.

'Ye can see for yersel whit a scunnersome wee nyaff I am,' the Howlat girned. 'As for the skraik o ma vyce, it's a sin tae deave ye wi it even for a meenit! It's no fair, and I dinna deserve it. Sae wid ye be sae kind as tae spier at Nature, that's been sae guid tae yersel, tae mak me bonnie and aw?'

'That micht no be a guid ploy,' the Paycock answert. 'It's no aften that Nature gets things wrang - although, when I look at ye, I'm no shair that she got *you* richt. I'll tell ye whit I'll dae. I will caw a cooncil o aw the fush-eatin and seed-gaitherin burds, and the scaffie burds tae, and we'll see whit they mak o it.'

Syne the Paycock cried on the Papingo, and said, 'Whaur dae we stert?' And the Papingo said, 'Whaur dae we stert? Whaur dae we stert?'

and that wis nae use ava. Sae the Paycock
cried on the Cushie Doo, wha could write
a wee bittie, and dictatit the wurds o an
invitation. The Cushie Doo wrote it oot a
hantle times, and as fast as she scrievit (and
she wis fast, but she wis a richt slaister tae)
the Swallas wheeched the invitations awa
and delivered them baith
nearhaun and faur.

Sune eneuch, burds were fleein in frae aw the airts: a line o Crans, wi their bricht reid faces; Swans wi their pure white breists; Pyots, Paitricks, Plovers, Craws and Sea Maws - aw in their ain shades o bleck, white and gray. The Widdpecker drapped by in his brawest claes, and even the Heron cam, a wee thing towzie. He stilpit aboot no lookin at onybody, as if he didna really mean tae be there.

There wis a gaggle o Geese, gey fu o themsels,
and ahint them the Corbie, wi his raucle vyce and
ill mainners. The Cockerel turnt up tae, sklentin
this wey and thon, hopin tae lead the choir if there
wis tae be ony chantin. And the Whaup wis made
Secretar, because wi her lang neb she could
scrieve mair trigly nor the Cushie Doo.

The Paycock walcomed them ane and aw, and spiered gin the Howlat wid speak tae them.

'Ye can aw see,' the Howlat said, 'hoo scunnersome I am, jist because I'm a howlat. It's no fair, when the ae thing I want is tae be as braw as the best o ye. That's no ower muckle tae wish for, is it? It's weel seen that Nature has made a hash o things.'

But the cooncil o burds, when they pit their heids thegither, werena jist sae shair aboot that. Some thocht Nature micht hae made a mistake richt eneuch; ithers thocht that couldna be. Some said, 'Howanever...' while ithers said, 'Forbye...' They felt richt sorry for the Howlat, but they couldna mak up their minds whit tae dae.

'We will hae tae consult mair widely,' the Paycock annoonced. 'We will hae to spier the *ither* burds whit they're sayin tae it.'

No awbody wis quite joco wi this plan. The *ither* burds were the burds o prey, and they could be gey coorse. But it wis thocht that they were wice wi it.

Sae the Whaup (wi help,
o a kind, frae the Cushie
Doo) scrievit a wheen mair
letters, tae the Eagle and
the ither burds o prey,
and aince mair the Swallas
delivered them as fast as
they were scrievit.

Syne the burds o prey fleed ower the sea and ower the bens
and the forest tae a green haugh by the river.

As weel as the undeemous Eagle, there were soarin Sea Eagles,
gallus Gleds, frichtenin Falcons, swippert Sparra Hawks,
bauld Buzzards and maisterfu Merlins. Even pawkie Robin
Reidbreist and tottie wee Jenny Wren jyned the lang paraud,
hip-hoppin in amang the shanks o the muckle burds.

A graund pavilion had been pit up, hung wi silk tapestries, and wi lang tables happit in gowd claith and snaw-white linen. When aw the burds had taen their places, the Paycock thanked them for comin and said, 'Let the feast begin.'

And whit a feast there wis! The Bog-Bluter wis the cook, and the Solan Geese were the servin fowk, and aw kind o fine fare wis dished oot in gustie gravies. While they were aw eatin, in cam the sangsters — the Mavis, the Merle, the Laverock and the Nichtingale, wi a baund o Stuckies tae. They chantit sangs o thanks for aw the fruit, fush, meal and maet that Nature had gien oot.

Efter the sangsters, in cam the Jay Pyot, wha wis a
joogler and conjuror. He joogled wi gowd-lippit
tassies and made siller spunes vanish, syne kythe
again in ither places! And he beglamoured the
haill company sae that they thocht it wis the how-
dumb-deid o nicht, which gied them aw a fleg —
though they lauched aboot it efterhaun.

Nixt tae dae a turn wis the Rook, a
Hieland bard wi a wickit keckle. 'Full me fou,'
he chirawked, 'or I'll mak a rude rhyme aboot ye.
Slocken ma drouth, or I'll spreid stories aboot ye.'
The Corbie wis sair-affrontit at thae threits, but the
Rook sae lichtlied him that he gaed reid tae the tips
o his feathers and hid himsel awa in a neuk.

But syne the Peeweet and the Gowk breenged at
the Rook thegither, slaisterin him
in sic a clood o stour that he had
tae step ootby tae synd himsel. That
pit the hems on his wee turn. Awbody wis lauchin
that hard that they gey near forgot whit
they had cam for.

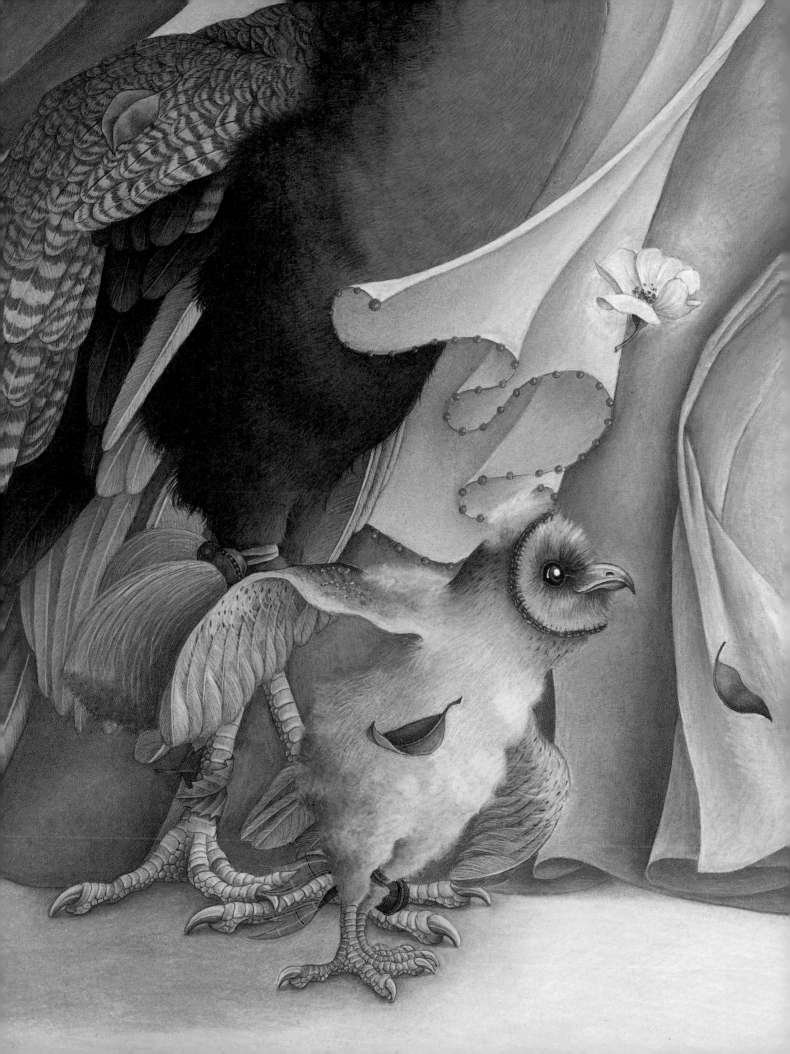

Sae the Paycock cawed the meetin tae order. The Howlat pled his cause tae the Eagle and the tither burds o prey. 'I jist want ye tae spier at Nature tae mak me bonnie, as you are,' he grat. 'Ye're that vauntie and strang - please hae peety on puir wee me!'

The burds o prey chawed their cleuks and looked doun their nebs at the Howlat, but they did feel peety for him. They voted tae pit his request tae Nature.

Nae suner wis the vote taen than there wis a switherin in the air, and the burds kent that Nature had cam amang them. 'Dinna speak anither wurd,' Nature said. 'I will chynge the Howlat and mak him anew, and this is the wey I'll dae it. Since ye aw feel that vexed for him, ilka yin o ye sall tak a feather frae yer ain plumage and gie it tae the Howlat.'

Sae ilka burd gied a feather, and Nature wrocht them intae a cloak and happed the Howlat in it. The Howlat scansed his new claes. *Oh, whit braw am I!* he thocht. *Hoo bricht and lairdlie's ma new plumage! There's no a burd that's ma maik frae Orkney tae Berwick, frae Aiberdeen tae Allowa!*

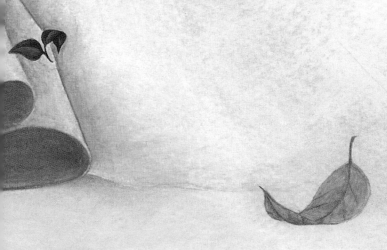

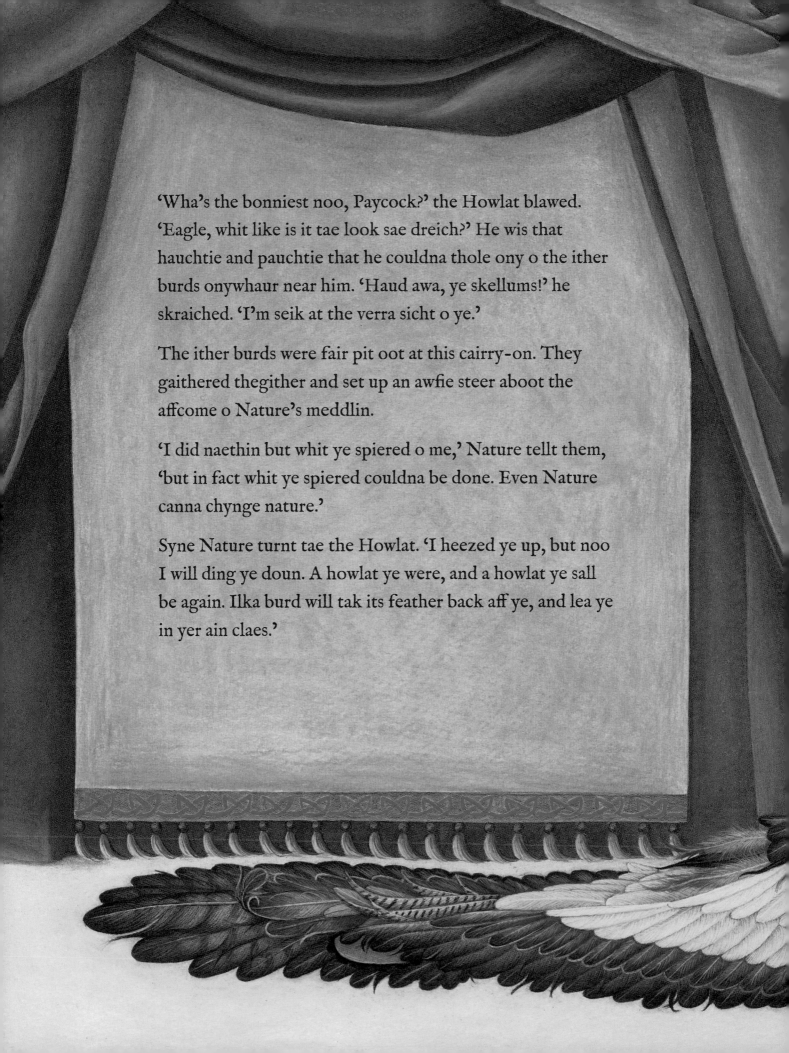

'Wha's the bonniest noo, Paycock?' the Howlat blawed. 'Eagle, whit like is it tae look sae dreich?' He wis that hauchtie and pauchtie that he couldna thole ony o the ither burds onywhaur near him. 'Haud awa, ye skellums!' he skraiched. 'I'm seik at the verra sicht o ye.'

The ither burds were fair pit oot at this cairry-on. They gaithered thegither and set up an awfie steer aboot the affcome o Nature's meddlin.

'I did naethin but whit ye spiered o me,' Nature tellt them, 'but in fact whit ye spiered couldna be done. Even Nature canna chynge nature.'

Syne Nature turnt tae the Howlat. 'I heezed ye up, but noo I will ding ye doun. A howlat ye were, and a howlat ye sall be again. Ilka burd will tak its feather back aff ye, and lea ye in yer ain claes.'

Sae this wis done, and Nature depairtit, and aw the burds fleed hame tae their nests. The Howlat wis left alane jist as nicht wis comin doun and the mune wis risin.

But the Howlat had chynged! The oosie, pookit thing he had been wis nae mair. In its place wis a burd that wis muckle and strang, and wi a fou coat o feathers. He himsel wis a burd o prey! In the licht o the mune he looked awfie braw, and wice and aw!

'Ooh, ooh, I see noo!' the Howlat cried, and his vyce cairried faur through the trees. 'I'm no a burd o the daylicht. I am a burd o the nicht. I wantit tae be whit I couldna be, when whit I had tae dae wis bide ma time, till I grew intae masel. Noo, there is a tale tae tak hame: tae be truly happy, ye hae tae be true tae yer ain nature.'

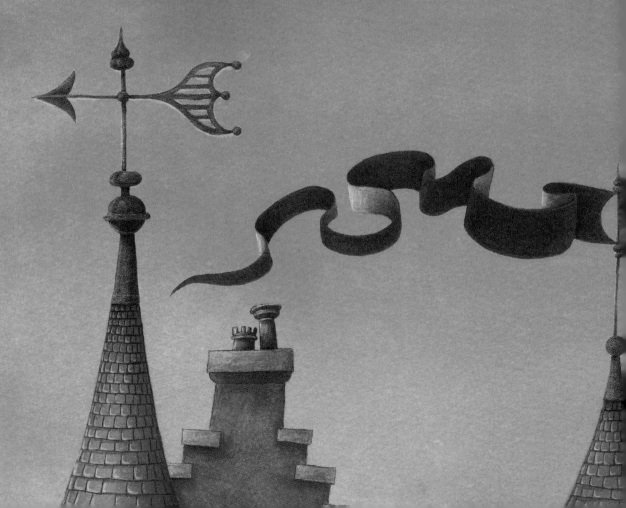

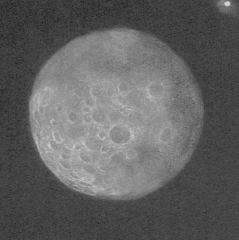

Syne the Howlat fleed aff
intae the nicht. And that, ye ken,
is whaur he belangs.

THE BUKE OF THE HOWLAT

T his story is taken from a poem, a beast fable, written in Older Scots in the 1440s by Richard Holland. Like *Animal Farm*, fables such as this are a means of looking at complex human issues. The poem is set at and around Darnaway Castle in Moray and is dedicated to the Countess of Moray, Elizabeth Dunbar, and her husband, Archibald Douglas. At this period the Black Douglas family was a major power in Scotland and the centre of Holland's poem (omitted here) is a display of heraldry linking the Douglas family with the major powers of Europe. The heart on the Douglas arms celebrates 'Good Sir James' taking the heart of Robert the Bruce on crusade. Like the owl in the poem, however, the family are subject to the levelling of death, but their reputation lives on.

In the 1450s the Douglas family fell out of favour and Holland was exiled. His poem however survived, was one of the first printed in Scotland and was known to many of the greatest Older Scots poets.

The text of Holland's poem can be found in Richard Holland, *The Buke of the Howlat*, ed. R. Hanna, Scottish Text Society 5.12 (Edinburgh: Scottish Text Society, 2014).

NICOLA ROYAN

Acknowledgements

When a new edition of *The Buke of the Howlat* was published by the Scottish Text Society, it was the ideal opportunity to bring the poem and its narrative to a wider audience, first through its launch at Darnaway Castle and then through this publication. I see it as a story of the challenges facing the young Howlat on that journey from childhood to adolescence, a story that through an inspired illustrator and inspiring author can now be shared in English and in Scots by a new generation of children, their parents and grandparents. Crucially, it is a story set in Moray, that microcosm of the best of Scotland.

In transforming *The Buke of the Howlat* for younger audiences I am indebted to: Nicola Royan and Ralph Hanna of the Scottish Text Society for opening my eyes to this poetic gem; Cameron Taylor for recognising the potential of a children's edition; Sheila Campbell, Moray Council Libraries, for identifying the perfect illustrator in Kate Leiper from Moray and directing me to Hugh Andrew; Hugh Andrew and Birlinn for finding the perfect partner writer in James Robertson and for being the ideal publisher; my wife, Jean, who has been supportive in seeing this story move from Darnaway Forest to printed page; and Lord and Lady Moray for making Darnaway Castle available for launches of *The Buke of the Howlat*.

JIM ROYAN